Dieses Buch widme ich
der großen Liebe meines Lebens
– Gott –
in all ihren Erscheinungs-
und Ausdrucksformen:
als menschliches Wesen,
als duftende Blume
oder als heller Stern.

Monika Hansen

Du bist meine Wirklichkeit

Neue mystische Gedichte

© tao.de in J. Kamphausen Mediengruppe GmbH, Bielefeld

1. Auflage 2017

Autorin: Monika Hansen
Umschlaggestaltung, Illustration: tao.de
Umschlagfoto: Aquarell von Gabriele Koenigs
www.gabrielekoenigs.de

Printed in Germany

Verlag: tao.de in J. Kamphausen Mediengruppe GmbH, Bielefeld,
www.tao.de, eMail: info@tao.de

Bibliografische Information der Deutschen Nationalbibliothek:
Die Deutsche Nationalbibliothek verzeichnet diese Publikation
in der Deutschen Nationalbibliografie; detaillierte bibliografische Daten sind im Internet über http://dnb.d-nb.de abrufbar.

978-3-96051-871-6

Das Werk, einschließlich seiner Teile, ist urheberrechtlich geschützt.
Jede Verwertung ist ohne Zustimmung des Verlages unzulässig.
Dies gilt insbesondere für die elektronische oder sonstige Vervielfältigung, Übersetzung, Verbreitung und sonstige Veröffentlichungen.

Inhalt

1 Auf dem Weg   7

2 Gib dich der Verwandlung hin   27

3 Gott ist in mir   50

4 Worte fließen   70

5 Wie kann ich wissen?   81

6 Heilung   102

7 Gott ist in der Gegenwart   117

8 Grenzenloser Geist   131

9 Die Stille hinter der Stille   150

10 Du bist meine Wirklichkeit   163

11 Die Liebe bleibt   182

12 Weil Du mich erfüllst   197

   Danke   214

1

Auf dem Weg

Auf dem Weg

Zarte Liebe, stille Kraft,
meine Sehnsucht ruht in Dir.
Viele Stufen sind geschafft,
viele liegen noch vor mir.

Reine Freude, wahrer Friede,
tief empfundene Dankbarkeit.
Ich bin, ich atme und ich liebe –
mein Leben reift in Sicherheit.

Wünsche wandeln sich in Demut,
jeder Mangel wird gestillt.
Aus dem Herzen weicht die Wehmut,
weil Deine Gnade es erfüllt.

Bald werden sich die Kreise schließen,
aus dieser Zeit wird Ewigkeit.
Es werden neue Räume grüßen
und wachsen zur Vollkommenheit.

Antwort

Statt Antworten finde ich nur Fragen,
die wild in meinem Herzen kreisen
und die mich auffordern,
das Leben doch zu wagen,
weil sie mich in die Weite tragen
und mir den Weg in Deine Richtung weisen.

Und vor der Freiheit stehen Schranken,
die jedes Weitergehen verwehren,
die sich wie Dornenhecken ranken,
um Königreiche, die versanken,
in einsamen und tiefen Meeren.

Obwohl sie meine Ängste nähren
und ungetrübte Sicht erschweren,
muss ich die Grenzen
doch nicht überwinden.

>>>

<<<

Ich möchte Rosen in den Dornen finden
und ihre Schönheit noch vermehren.
Dann – irgendwann – werden die Hecken
schwinden,
wird meine Freiheit sich entbinden
und alle Fragen
werden in die
eine Antwort
münden:
GOTT!

Berührbar

Berührbar bleiben –
vom Leben,
von den Menschen,
von der Liebe.

Im Herzen spüren,
was uns alle
verbindet,
trägt
und heilt.

Der Weg ist lang

Gott,
ich lade Deine Gnade ein,
denn ohne Dich
geht gar nichts mehr.
Hilf mir,
in Deiner Gegenwart zu sein.
Der Weg
ist so unendlich schwer.

Der Weg ist lang,
der Körper zittert
und findet keine Kraft in sich.
Doch ist das Herz
nicht mehr verbittert:
Es liebt Dich
unerschütterlich,
es lebt aus Dir
und nur
für Dich.

Immer wieder Anfang wagen

Immer wieder neu beginnen,
Ende kommt von ganz allein.
Sich auf seinen Weg besinnen,
auf die nächste Stufe springen,
mit dem Schwung
verbunden sein.

Immer wieder Anfang wagen,
darin liegt die größte Kraft.
Wenn wir uns ihr nicht versagen,
wird sie uns in Weite tragen,
die ein neues Sein
erschafft.

Gehen

Gehen
Weitergehen
Schritt für Schritt
Mühsam manchmal
Dann wieder leicht
Fast schwebend

Hauptsache gehen
Ins Leben

Danke

Gott,
ich danke Dir,
dass Du mir
die Zeit gibst
meine Schritte
hin zu Dir
zu gehen –

einen
nach dem
anderen.

Versprechen

Ich gebe nicht auf,
ich verlasse Dich nie;
ich bleibe auf meinem Weg
mit Dir.
Es gibt für nichts
eine Garantie,
doch spüre ich die Gewissheit
in mir,

dass dieser Weg
der richtige ist,
das einzig lohnende,
wahre Leben.
Ich fühle, dass Du bei mir bist
und will mich ganz
in Deine Hände geben.

>>>

<<<

Ich will mich Dir
ganz anvertrauen
und alle Ängste
werden still.
Ich will mich öffnen,
weithin schauen;
erfüllen,
was das Leben will.

Auferstanden

Und hättest Du
mich nicht
zu Fall
gebracht,
dann wäre ich
nicht
auferstanden.

Immer weiter

Des Lebens Ruf
an uns
wird niemals enden,
denn immer weiter
drängt die Kraft,
den göttlichen Auftrag
in sich
zu vollenden
auf unserem Weg
hin
zur Meisterschaft.

Ich weiß nicht, wie es geschieht

Und da hat mich
auf einmal
etwas ergriffen,
kraftvoll,
wie um mich
auf eine weitere Stufe
zu heben.

Ich weiß nicht,
wie es geschieht,
und spüre doch
die Veränderung,
die Erweiterung,
das Angehobensein.

Neue Räume
öffnen sich
um mich herum,
weiten sich,
werden heller
und klarer.

Den wahren Weg

Den wahren Weg
wagen
mutig und unbeirrt
Schritt für Schritt
voran

Für Jesus

Das Kreuz ist schwer, der Weg ist lang,
das Ziel kann ich noch nicht erkennen.
So ist das Herz mir manchmal bang,
doch Deine Liebe lässt es brennen.

Ein Feuer, das nie mehr erlischt
und sich aus Deiner Gnade nährt.
In seinen Flammen wächst mein Licht,
das sich so sehr nach dir verzehrt.

Und näher finde ich zu Dir,
Du gingst den Weg schon längst voraus.
Dein Vorbild lebt und strahlt in mir;
ich komme jetzt zu Dir nach Haus.

Ohne Lasten

Ohne Lasten
vorwärts gehen,
mühelos
und unbeschwert.

Dem Leben
in die Augen sehen;
wieviel ist
die Liebe wert?

Seelenwanderung

Meine Seele wandert
in den Weiten Deiner Sterne
und erkennt darin Dein Angesicht.
Sie verbindet sich mit Deiner Ferne
und schreitet durch ein Tor aus Licht.

Sie wandert weiter
durch die Weltenräume,
ein jeder Tag wird ihr zur Ewigkeit;
denn Deine Liebe trägt sie
auf den Gipfel ihrer Träume
bis in ein Land jenseits der Zeit.

Und dieses Land
scheint ihr zutiefst vertraut,
ein Ort, den sie schon lange kennt,
den sie in wachen Nächten
einst erschaut,
weil sie der Schöpfer hier
bei ihrem wahren Namen nennt.

Rückblick

Voll Dankbarkeit schau ich zurück
auf ein erfülltes, gutes Jahr.
Du warst bei mir in jedem Augenblick
und führtest mich so wunderbar.

Du liebtest mich so unermesslich,
ein jeder Tag geschah in Deinem Glanz.
Und unsere stillen Stunden
sind mir unvergesslich,
denn dann gehörte ich Dir ganz.

Bei jedem Schritt gingst Du mit mir,
waren sie schwer oder auch leicht.
Und immer wirktest Du in mir –
wie war das Jahr doch voll und reich!

So gut ich kann

Mein Leben öffnet sich wie eine Blüte
zu Deinem liebevollen Licht.
Es wächst und reift in Deiner Güte
und lässt die Schatten hinter sich.

Es ist bereit für Deine Gnade,
für Deinen Segen und das Glück.
Waren auch steinig oft die Pfade,
so führt der Weg doch niemals zurück.

Mein Leben kann nicht neu beginnen,
doch jeden Tag fang ich neu an,
die Liebe in die Welt zu bringen
und hier zu sein, so gut ich kann.

2

Gib dich der Verwandlung hin

Gib dich der Verwandlung hin

Brennender Schmerz,
loderndes Feuer,
in Flammen steht
die Unterwelt.
Zutage
treten Ungeheuer,
die dunkle Macht
am Leben erhält.

Und diese Kraft
steht vor den Dingen,
doch Gottes Geist
ruht tief darin.
Er nimmt uns mit
auf hohen Schwingen
so offenbart er uns den Sinn,

dass wir die Illusion
erkennen –

>>>

<<<

darum muss dieses Feuer
brennen.
So gib dich
der Verwandlung
hin.

Alle Sicherheiten schwinden

Alle Sicherheiten schwinden,
um mich drehen sich leere Kreise.
Wie soll ich die Mitte finden,
ohne Ziel auf dieser Reise?

Ohne Absicht, ohne Plan
folge ich dem inneren Strömen.
Jeden Tag fang ich neu an,
mich an Freiheit zu gewöhnen.

Ankommen

Die Kälte kriecht durch seine Glieder,
das Herz ist leer
und spürt die Wärme nicht.
Die Angst hat ihn
in ihren Klauen – wieder –
legt sich auf ihn wie Bleigewicht.

Ein Kampf, der schon so oft gefochten,
ein Sturm, der zarte Pflänzchen knickt,
hat ihn vom Leben abgebrochen
und in die Dunkelheit geschickt.

Dort tastet er mit seinen Sinnen,
wo ist das Licht,
das ihn einst fand?
Er lauscht und spürt
und sucht nach innen
in seinem weiten Seelenland.

>>>

<<<

Er irrt umher auf Tränenwegen
und horcht an jedem stummen Stein.
Erschöpft, geschlagen, unterlegen
schläft er auf nacktem Boden ein.

Er träumt von warmen, hellen Tagen,
als Gottes Glanz ihn ganz durchdrang.
Und er erwacht,
von starken Armen sanft getragen,
im Ohr der Liebe Heilungsklang.

Die Last des Körpers

Die Last des Körpers
nicht mehr tragen.

Frei wie ein Vogel
in der Luft.
Mich aufschwingen
zu neuen Himmeln.

Heißt das Sterben?
Oder bedeutet es,
mich von Dir, Gott,
tragen zu lassen.

Oder beides?

Frei

Losgerissen
von der Leine

Losgelassen
auf die Welt

Losgekommen
aus der Enge

Frei
geworden

Nichts
mehr hält

Ich vertraue auf Dich

Ich vertraue auf Dich,
Deine Kraft
in meinem Herzen,
mit der ich alles
schaffen kann
und alles schaffen
werde.

Reißt nieder

Reißt nieder
die Klostermauern eures Herzens
und empfangt den Heiligen Geist!

Reißt nieder
die Macht des Leides und des Schmerzes
und singet Gott zum Lob und Preis!

Reißt auf
der Himmel Wolkenschwere
und befreit das Goldene Licht!

Steht auf
und kündet von der neuen Lehre!

Kniet nieder
und hört zu
wie unser Vater spricht!

Und Gott spricht

Ich brauche dich, um diese Welt zu heilen;
denn ohne dich fehlt ihr ein Stück.
Ich brauche dich, um meine Liebe
in ihr zu verteilen;
mit deiner Hilfe kehrt das Licht zurück.

Ich brauche dich, um diese Welt zu retten.
Lass dich zum Tor der Gnade werden,
zur Wächterin der Opferstätten,
zur Priesterin der schweren Erde.

Ich brauche dich,
um tiefe Dunkelheiten zu erhellen;
du sollst die Schönheit meiner Schöpfung
sichtbar machen.
Ich brauche dich im großen Ozean
der kleinen Wellen,
um jede einzelne fürsorglich zu bewachen.

>>>

<<<

Ich brauche dich auf allen meinen Wegen,
diesseits und jenseits jeder Zeit.
Ich brauche dich als offenes Gefäß
für meinen Segen.
Sag endlich Ja; du bist schon längst bereit.

Unendliche Kraft

Aus dem
tiefsten Annehmen
dessen, was ist,
erwächst
eine unendliche Kraft,
die uns trägt,
bewegt und
unseren göttlichen Auftrag
erfüllen lässt.

Wandlung

Ja, ich will die volle Wandlung
und mich ganz nach innen wenden,
liebevoll mich selbst behandeln
mit der Kraft aus Gottes Händen.

Außensinne dürfen rasten
und in Seelenstille ruhn,
von der Weltenfülle fasten,
sich von Überflüssigem entlasten
und von sinnentleertem Tun.

Innenwelten sollen leben,
sich aus langem Schlaf erheben.
Es ist Zeit, sich selbst zu heilen
und im Frieden zu verweilen.
Es ist Zeit, sich zu vergeben.

>>>

<<<

Jetzt, an diesem neuen Morgen
kann ich meinen Weg beginnen,
auf die Ganzheit mich besinnen
und, darin zutiefst geborgen,
Gottes Königreich gewinnen.

Weisheit

Die Kraft erwächst mir,
aus den Schritten,
die ich in Deine Richtung gehe.
Um nichts mehr
muss ich Dich noch bitten,
weil ich die Weisheit darin sehe,
wie Du mein Schicksal
für mich formst.

Ich brauche mich
nur zu ergeben,
in tiefer Demut
mich zu beugen,
aus Deiner Liebe
stets zu leben
und Deine Gnade
zu bezeugen.

Wie hast Du mich so zart geschmiedet

Wie hast Du mich so zart geschmiedet,
damit ich Deinen Willen lebe.
Wie hast Du meine Angst befriedet,
dass ich der Liebe mich ergebe,
die wie ein Wirbel mich ergreift
und hoch in Deine Weiten wirft.

Hier bin ich rettungslos verloren,
hier kann ich nichts und niemand fassen.
Hier wird die Welt mir neu geboren
und dann muss ich sie wieder lassen.

Es ist ein Auf- und Untergehen,
ein Nicht-mehr-Sein jenseits der Zeit.
Es ist ein Werden und Vergehen –
geliebt in alle Ewigkeit.

Göttlicher Bote

An der Schwelle
steht ein Bote Gottes;
er wartet,
dass ich ihn einlade
und hereinbitte.
Er wartet schon lange:
still, geduldig
und wunderschön
anzusehen.

Er weiß,
dass ich meine Zeit brauche.
Er drängt mich nicht,
er ist einfach nur da.

Und wenn ich bereit bin,
lasse ich ihn ein
in mein Herz.

Vertrauensübung

Doch in seinen wachsenden Schmerz
hinein reift allmählich
das Vertrauen für diese Aufgabe.
Und er weiß nicht,
ob er lachen oder weinen,
ob er zustimmen
oder sich widersetzen soll.
Denn sein Schicksal
scheint nicht mehr
in seiner Hand zu liegen.
Tat es das jemals?

Die ihm auferlegte Bestimmung
soll ihn – muss ihn – führen,
wenn er jetzt
jeden eigenen Willen aufgibt.
Wird es dann leichter sein?
Wird sein Vertrauen ausreichen,
um ihn zu tragen?

>>>

<<<

Er weiß es nicht.
Denn *das*
ist die Übung
des Vertrauens.

Ewiger Glanz

Es ist Zeit,
mich der Welt
hinzuzugeben,
damit sie
vollkommen wird
und ganz.

Wenn auch die Himmel
durch mich
hindurchstürzen
– in alle Tiefen –
so bleibt doch
ihr ewiger Glanz.

Ein neuer Anfang

Und dann war da
auf einmal etwas,
von dem man
gar nicht gewusst hatte,
dass es existierte,
dass es lebte und atmete
und seine Kreise zog.

Es hatte schon lange
daran gearbeitet,
sich zu befreien,
seiner selbst nicht sicher
und doch
einer gewissen Zukunft
vertrauend,
die es einen neuen Anfang
würde finden lassen.

Machtlos

Keine Macht in meinen Händen,
viel zu schwach, um festzuhalten.
Wohin soll ich mich jetzt noch wenden?
Mein Innerstes ist tief gespalten:

Mein größter Wunsch ist Dir zu dienen,
mit ganzer Kraft im vollen Leben.
Doch schaffe ich nur, Dich zu lieben
und mich dem Augenblicke zu ergeben.

So bleiben ungetan die großen Werke,
es schmückt mich auch kein Lorbeerkranz.
Und mühsam ringe ich um jene Stärke,
die noch verblieb vom schweren Schicksalstanz.

Aus diesen Resten schöpfe ich die Liebesgabe,
welche ich Dir, mein Gott, in stiller Demut reiche.
Nimm sie, denn sie ist alles, was ich habe,
und hilf mir, dass mein Herz
dem Deinen gleiche.

3

Gott ist in mir

Gott ist in mir

Heiliges Feuer
brennt in mir;
in seinen Flammen
verzehrt sich die Sehnsucht.

Heiliges Wasser
fließt durch mich
und tränkt die Wüste
der Gottesferne.

Feuer und Wasser,
Leib und Seele –
ewiger Kreislauf:
Gott ist in mir.

Mein Leben ist sein eigenes Gebet

Heute Morgen
drängt und zieht es mich
ins Leben, in den Tag.
Keine Zeit zum Beten,
keine Geduld zum Meditieren,
noch nicht einmal Muße
zum Dichten.

Oder doch?

Mein Leben
ist sein eigenes Gebet:
fortwährende, innere Zwiesprache
mit Gott, tiefe Verbundenheit,
stilles Einssein.

Und in allem,
was mir begegnet,
Ihn erkennen und lieben.

Mein Leben
ist sein eigenes Gedicht.

Nächster Schritt

Und immer, wenn ich voller Liebe
mein eigenes Herz berühre
und wenn ich in der Traurigkeit
den Atem Gottes spüre,
dann wendet sich mein Fühlen
ganz nach innen
und ich erfahre Ihn
mit allen Seelensinnen.

Und immer wieder
kann ich diesen Raum betreten,
in sanftem Pulsschlag seiner Stille
leise beten.
Mit aller Zärtlichkeit,
die sich aus mir befreit,
bin ich für meinen nächsten Schritt
zutiefst bereit.

>>>

<<<

Und das bedeutet,
alle Härte in mir schließlich zu erweichen,
und der Vergebung
liebevoll die Hand zu reichen.
Und wenn die Gnade Gottes
sich nun freundlich auf mich senkt,
so ist es gleich,
als würde mir
das Leben
neu geschenkt.

Vielleicht ist es nur das

Vielleicht, Gott,
ist es nur
dieses tiefe Gefühl
der Verbundenheit
mit Dir,
des Einsseins,
und nichts anderes.

Vielleicht
ist es nur das.

Morgengebet

Heute
will ich ganz behutsam
mit mir umgehen,
mich zärtlich
an die Hand nehmen
und achtsam
durch diesen Tag
begleiten.

Heute
will ich nichts
von mir fordern
und nichts
von mir verlangen,
sondern liebevoll
in meine Seele
hineinspüren

>>>

<<<

und in mein Herz
und ihren Impulsen
nachgeben.

Heute
will ich in mich
hineinlauschen
und zuhören,
was Gott in mir spricht.

Das ist alles,
was ich heute
will.

Ich weiß, dass Du da bist

Wo,
in meinem Inneren
schlägt Dein Herz,
Gott?

Und wo
steckt Deine Kraft?

Wo in mir
finde ich
Deine grenzenlose Geduld,
Deine unendliche,
bedingungslose Liebe
und Deine stille Präsenz?

Ich weiß,
dass Du da bist.

Ich weiß es.

Unendliches Feld

Gott,
Du berührst mich
durch die Stille,
die in meinem Herzen
spürbar wird,
wenn ich mich
Dir zuwende.

In dieser Stille,
in dieser offenen Weite
entfaltet sich
ein unendliches Feld
an Möglichkeiten,
ein grenzenloser Raum
der Liebe
und Freude.

Das bist Du.

Heiliger Boden

Heiligen Boden
betreten
in meinem Herzen.

Gott spüren –
und vergehen.

Dein Name allein

Gott,
Dein Name allein
reicht aus,
um meine Seele
tief
zu berühren
und mein Herz
für Deine Liebe
zu öffnen.

Einfach nur sein

Schlaflose Nacht
wie ein einziger
Traum.
Göttliche Nähe
erhebt
ihr Gesicht.

Wachen und Beten –
einfach nur
sein.

Ewiges Lied

Gott,
wenn die dunkle Nacht
sich ruhig auf mich senkt
und mir ein tiefes, innerliches
Innehalten schenkt,
dann fühle ich
in unserem stillen Schweigen
ein altes Lied
aus meiner Seele steigen.

Es ist das ewige Lied,
das lange schon in meinem Herzen singt,
das in den weiten Räumen
meiner Seele schwingt.
Und diese wunderschöne Melodie
ist wie ein Instrument,
das selbst den kleinsten Winkel
meiner Sehnsucht kennt.

>>>

<<<

Du hast die Noten
mir ins Herz gelegt,
damit mein Leben
sich in ihrem Klang bewegt.
Denn Deine Liebe
schrieb das alte Lied,
das sich als roter Faden
durch mein Schicksal zieht.

Morgenstern

Welt aus Licht
in meinem Inneren,
die Du bewohnst
in aller Stille.

Welt aus Licht
von Dir entzündet
strahlt in mir
von jeher an.

Welt aus Licht
wird niemals dunkel,
leuchtet
wie der Morgenstern.

So wie Du

In dieser Zeit
der Stille,
in dieser Zeit
des Lauschens
bleibe ich
in meinem Herzen –
so wie Du.

Sternensamt

Sternensamt am Firmament,
deine Lichter strahlen weit,
leuchten hell und ungehemmt,
sind bei Nacht und Tag bereit.

Sternensamt zu meinen Füßen,
weicher, warmer Wolkentritt;
ach, umarmt mich, meine Süßen,
nehmt mich in die Weite mit.

Sternensamt in meinem Herzen,
still und stolz und unerreicht.
Tief in mir die Himmelskerzen
brennen endlos – federleicht.

Bis ans Ende

Und wenn doch
nur einer sich fände,
der mich im tiefsten Inneren
kennt.
Ich nähme leise
seine Hände
und ginge mit ihm
bis ans Ende
der Tiefen,
in denen
mein Feuer
brennt.

Mein Leben ist ein Fest

Durch mein Leben fließt ein Gnadenstrom
von Deinem Herzen in das meine.
Es schwingt in einem einzigen Ton
und das bist Du, geliebter Gott, alleine.

Durch mein Leben strahlt ein Licht,
das heller scheint als tausend Sonnen.
Es lenkt und liebt und leitet mich,
daraus ich Sinn und Ziel gewonnen.

Mein ganzes Leben ist ein Fest,
seitdem ich Dich in mir gefunden.
Du bist es, der mich wachsen lässt
und in mir lebt zu allen Stunden.

4

Worte fließen

Worte fließen in die Stille

Ich gehe so gern
mit diesen Worten um,
den heiligen,
erhabenen Formen,
die Gestalt
annehmen wollen,
sich wie ein Kleid
um ein Gefühl,
eine Erfahrung
oder ein inneres Beten
schmiegen wollen.
Die nicht aufhören
in mir
und durch mich
zu fließen,
bis sie selbst
von der Stille
eingehüllt werden
und sich ihr
wortlos
ergeben.

Im Herzen gewärmt

Zarte,
lange im Schweigen
gereifte Worte
steigen in mir auf
und weben sich
zum Gedicht.

Aus Liebe
geboren
und im Herzen
gewärmt.

Mein höchster Berg

Denn alles,
was sich schon
in mir gefunden,
verbindet sich
in diesen stillen Stunden
zu einem tiefen, neuen Werk.

Und alles,
was ich Schweres
in mir trage,
verwandelt sich
in meine größte Gabe
und wird zu meinem höchsten Berg.

Von Herz zu Herz

Ich lege
meine ganze Sehnsucht
in die Worte,
die sich
in meinem Inneren
jetzt verdichten
und zu Dir
emporsteigen,
ohne Reim
und ohne Rhythmus:

ein wildes Gebet
von Herz
zu Herz.

Aufgehende Sonne

Ein neuer Morgen
sanft und sicher
tiefe Demut
höchstes Glück

Aus der Stille
sprechen Verse
zarte Stimmen
weben Reime

Ein Versprechen
ist gegeben
Zusage
an höchster Stelle

Die aufgehende Sonne
taucht
Erde und Himmel
in strahlendes Licht

Wie Wasser

Ich hatte Angst vor meiner Gabe,
ich hatte Angst vor diesem Schritt.
Doch alles, was ich in mir habe,
drängt nun hinaus und zieht mich mit.

Es zieht mich aus den Seelenländern,
wirft mich in eine neue Welt.
In seinen wechselnden Gewändern
bleibt es doch klar und unverstellt.

Wie Wasser sprudelt es und fließt
und folgt dabei seiner Natur,
die es in alle Meere gießt –
und dort verliert sich seine Spur.

Unbeschreiblich

Wörter
drängen sich in mir,
wie im Streit,
kämpfend um das Vorrecht
in Deine Nähe
gehoben zu werden
in dem – vielleicht
vergeblichen – Versuch,
eine Ahnung Deiner Größe,
wenn auch immer nur
unzureichend,
unbeschreiblich
zu vermitteln.

Gottvertrauen

Gott,
Du vertraust
mir
Deine Worte an.

Danke.

Schreiben, du große Kraft

Schreiben,
du große Kraft
in mir,
die wächst
und sich weitet,
die sich ausdehnt
in neue, unentdeckte Räume
in meinem Inneren,
in meiner Seele
und in meinem unerforschten Herzen.

Du fließt,
durchspülst und reinigst.
Du klärst und erklärst.
Du formst und gestaltest
und befreist.

>>>

<<<

Du trägst
und du stehst
jederzeit
zur Verfügung.

Darüber hinaus
bist du auch
eine Notwendigkeit.

5

Wie kann ich wissen?

Wie kann ich wissen?

Wie kann ich wissen,
dass Du meine Seele unaufhörlich liebst?
Wie kann ich glauben,
dass Du alle meine Schwächen siehst
und mir trotzdem vergibst
und mich noch immer weiter liebst?

Wie kann ich alles das erschauen
und Dir vertrauen
und mein Lebenshaus
auf Deinem Grund erbauen?

Siehst du denn nicht,
dass ich Dir meine Hände suchend reiche?
Spürst du denn nicht,
dass meine Tränen alle Härte,
allen Stolz erweichen?

>>>

<<<

Und ich warte schon so lange
auf ein Zeichen…

Gib mir die Augen,
Deine Gegenwart zu sehen.
Gibt mir die Ohren,
Deine Sprache zu verstehen.
Lass alle meine Zweifel
in Deinem Licht vergehen.

Gesang der verlorenen Seele

Wie kann ich denn, Gott,
Dich in mir finden,
wenn meine Seele so sehr weint?
Ströme von Tränen
fließen über mich hinweg,
überfluten den Weg,
der vor mir liegt.

Ich kann die Richtung
nicht erkennen,
stolpere umher,
verwirrt, verzweifelt, verlassen.
Ich höre Deine Stimme nicht mehr,
die doch zumindest
ein Anhaltspunkt gewesen wäre.
Ich sehe Dein Licht nicht mehr,
das meine tiefe Dunkelheit
durchdringen könnte.

>>>

<<<

Finsterste Seelennacht:
Gott, wo bist Du?
Und wo bin ich?
Wer bin ich?
Woher komme ich?
Wohin bin ich unterwegs?
Unendliche Fragen –
keine Antworten.

Tiefer und tiefer sinken,
lauschen, spüren,
nichts von mir fordern.
Nicht mit mir hadern
und auch nicht mit Dir, Gott.
DA SEIN,
wo ich jetzt bin,
ruhig, leise, still.
Es gibt nichts zu tun,
nichts zu erreichen.

>>>

<<<

Noch tiefer sinken
in das warme, weiche Dunkel,
das mich einlädt, umarmt,
einhüllt und wiegt,
sich an mich schmiegt.

Auch hier ist ein Zuhause,
auch hier ist ein Ziel,
an dem ich gerade
– absichtslos –
angekommen bin.
Angekommen
auf dem Grund meiner Seele,
der kein Abgrund ist,
sondern ein großer, stiller See.
Ich versinke darin,
verschmelze
mit seinem sanften Wasser,
schwimme, tauche,

>>>

<<<

durchpflüge
die dunklen Tiefen
mit einer Leichtigkeit,
die mir zeigt:

Das ist mein Element,
das ist mein Zuhause,
das bin ich.
Und das
bist auch Du, Gott.

Das sind wir.

Was dann?

Und wenn
ich mich
der Liebe ergebe,
Gott?

Bedingungslos
und hemmungslos
zurückliebe?

Was dann?

Paradox

Angst haben
vor der Liebe –
ist das nicht
paradox?

Neuland

Gott,
ich betrete Neuland,
ein neues Land.
Ich betrete Dich,
trete ein
in Dein Geheimnis.

Sprich nur ein Wort

Wie kann ich Deinen Willen erkennen,
was Du von mir möchtest,
dass mein Leben sei?
Die Sehnsucht lässt meine Seele verbrennen,
sprich nur ein Wort und ich bin frei.

Sprich nur ein Wort
und lass mich verstehen,
lass mich verstehen den göttlichen Plan.
Was ist mein Ziel, wohin soll ich gehen?
Viel zuviel Zeit habe ich schon vertan.

All meine Wege, die ich beschritten,
liegen im Nebel – es gibt kein Zurück.
In der Verwirrung so viel gelitten
richte auf Dich
ich meinem Blick.

>>>

<<<

Lass mich nicht warten,
ich komm' Dir entgegen,
innerlich lauschend – es ist an der Zeit.
Dir zu begegnen wird mir zum Segen,
Dein Wort zu hören bin ich bereit.

Sturz ins Licht

Hast Du ein Wort,
um meine Traurigkeit
zu lindern,
vielleicht auch ein Gefühl,
eine Berührung sacht?
Weißt Du ein Mittel,
dieses Stürzen zu verhindern?
Endloses Fallen
in den dunklen Abgrund
meiner Nacht.

Ich bin allein
und fühle nur den Wind,
der mich im Abwärtsflug
mit kaltem Hauche streift.
Ich bin allein
wie ein verlassenes Kind,

>>>

<<<

das Raum und Zeit
und Ewigkeiten
nicht begreift.

Die Einsamkeit
hat sich um mich geschlungen,
ist mir Gefährtin
und ist alles, was mir bleibt.
Meine Gebete
sind schon längst verklungen –
und nun: endlose Stille,
die sich in die Leere schreibt.

An diesem reinen Ort
bin ich gelandet,
der meinem Sträuben
so bedrohlich schien.
Er hatte sich
in Finsternis gewandet,
doch strahlt
das wunderschönste Licht
in ihm.

Unruhige Sehnsucht

Sehnsucht
hat viele Gewänder
in dieser wachsenden Welt.
Sie streift durch die Seelenländer
bis an die äußersten Ränder,
dahin uns das Schicksal bestellt.

Sie ruht nicht
und rüttelt an Festen,
darauf sich die Sicherheit baut.
Sie nährt sich von Hoffnungsresten,
sie schläft in Verzweifungsnestern,
bis das Herz ihr wieder vertraut.

Sehnsucht
hat viele Gesichter
in dieser sich wandelnden Zeit.
Sie entzündet in uns ihre Lichter,
beflügelt Sucher und Dichter
und hält uns für Neues bereit.

Wer bin ich?

Wenn du
im tiefsten Herzen
bangst,
dann werde still
und frage dich:
Wer bin ich
jenseits
dieser Angst?

Wer kennt das nicht

Wer kennt das nicht,
wenn plötzlich aus den Tiefen
Tränen steigen
und einen unermesslich großen
Schmerz beweinen.

Wer kennt das nicht,
wenn sich in stillen, dunklen Nächten
Sehnsüchte unerträglich deiner selbst
bemächt'gen.

Und kennst du auch,
dass diese Qualen scheinbar niemals enden,
dass sie dich zwingen,
sich dir noch tiefer
und bedingungsloser zuzuwenden?

>>>

<<<

Dann sei gewiss,
dass diese allerschwersten Stunden
aus Gottes größter Gnade treten,
damit du spürst:
Du bist und bleibst mit Ihm verbunden;
denn dies ist Seine Art,
mit dir zu beten.

Wie kann ich in mir Stille spüren

Wie kann ich in mir Stille spüren,
wie übersteige ich das Denken?
Wie kann ich jenen Ort berühren,
in seinen Geist mich tief versenken?

Wie kann ich offen, klar und weit
der wahren Stimme in mir lauschen?
Wie werde ich zutiefst bereit,
mein kleines Ego einzutauschen?

Wie kann ich ohne Suchen finden
und meine Widerstände tauen?
Wie kann das Leben ich ergründen,
dem Dasein jederzeit vertrauen?

All diese Fragen stelle ich
und kann nicht aufhören zu denken.
Die Antworten ergeben sich,
wenn alle Fragen sich verschenken.

Was gefangen war, darf sich befreien

Hab ich denn etwas
in mir abgebunden,
das lange schon
in meinen tiefsten Tiefen schreit
und nun in dieser
stillsten aller Stunden
an meine weiten, klaren
Oberflächen steigt?

Hab ich denn etwas
in mir übersehen,
ein Kind, das ungetröstet
tausend Tränen weint,
so dass es glaubt,
es müsse untergehen,
weil die Verzweiflung
jede Grenze übersteigt?

>>>

<<<

Was es auch war –
jetzt ist die Zeit,
mich diesem Kummer
zuzuwenden,
und was gefangen war,
darf sich befreien.
Ich bin bereit,
jegliche Trennung
zu beenden
und das,
was unvergeben war,
in Liebe zu verzeihen.

6

Heilung

Heilung

Ich lerne,
mich an Deinem Licht zu nähren,
denn diese Speise brauche ich zum Leben.
In Deiner Gnade muss ich nichts entbehren:
Ich darf empfangen, ohne selbst zu geben.

Dich in mich einzulassen
ist seit jeher mir bestimmt
und wenn ich ehrlich bin,
so ist das alles, was ich will.
Denn auch mein Körper heilt,
indem er Licht in seine Mitte nimmt
und jede Zelle sich mit Deiner Liebe füllt.

Doch bitte hilf mir, Gott,
so offen und bereit zu werden,
dass Deine Gnade tiefer in mich fließen kann.
Vielleicht muss mein Begehren vorher sterben,
vielleicht fängt Dein Erbarmen damit an.

Licht vom Licht

Licht vom Licht
nähre mich,
fülle mich
mit Deiner Kraft.

Heilung ist möglich

Heilung ist möglich,
jederzeit;
darum öffne dich
und werde bereit,
um sie in Liebe
zu empfangen.

Was kannst du
Größeres erlangen,
als das zu sein,
was du
schon immer
warst?

Von der Erde

Ich nehm' von Dir, du gute Erde,
meine Nahrung, meine Kraft,
damit ich aus Dir wachsen werde
und sich mein Körper
neu erschafft.

Ich nehm' von Dir, Du weise Erde,
mütterliche Zuversicht,
dass sich die Welt aus mir gebäre
in einem Wasserfall
aus Licht.

Ich nehm' von Dir, Du stille Erde,
tiefes Schweigen in mich auf,
dass alles Lärmen ruhig werde
und frei von jeglicher Beschwerde
sanft steige
in die Nacht
hinauf.

>>>

<<<

Ich nehm' von Dir, Du ewige Erde,
unentwegtes Fortbestehen,
als Teil der großen Seelenherde
kreisend im Auf-
und Niedergehen.

Selbstbestimmt

Die Heilung
bestimmt selbst,
wie und wann
sie kommt.

Meine Aufgabe
ist es,
mich bereit zu halten,
zu öffnen,
zur Verfügung
zu stellen.

Tanz der Himmelsgeister

Im Tanz der Himmelsgeister
erklingt ihr seliges Lied
und als weit Hergereister
weißt du nicht, was geschieht,
dass dieser Klang
in seinen Bann
dich zieht.

Doch du verweilst
und lauschst der Weise,
die zärtlich, sanft und leise
als ein Gefühl
in dir erblüht.

Darin erfährst du Frieden,
auch Freude und ein Licht.
Und du beginnst zu lieben
und änderst deine Sicht.

Ich öffne mich

Ich öffne mich
der Heilung,
die aus Deinem Herzen
spricht.

Ich öffne mich
dem heiligen
Gotteslicht.

Mein Schatz

Der Körper
zieht mich
in die Tiefen
zu meinem großen,
stillen Schatz.

Und wenn ich
dort
bei ihm verweile,
beginnt er
zu leben,
zu beten
und zu leuchten.

Ich bin ganz hier

Ich bin bei mir und sehr zufrieden,
Dein Licht erleuchtet meine Welt.
Ich bin ganz hier und voller Frieden,
spüre die Kraft, die mich erhält.

Ich bin jetzt hier am richtigen Ort
und auch genau zur richtigen Zeit.
Die Liebe trägt mich immerfort;
bei ihr bin ich in Sicherheit.

Die Gnade schenkt mir Weg und Ziel
und alles findet seinen Platz.
Das Leben wird mir nie zuviel,
in seinen Tiefen ruht der Schatz.

Sende Deine Gnade

Flute mich mit Liebe, Gott,
flute mich mit Licht.
Ich habe Dir nichts mehr
entgegenzusetzen.
Ich verweigere mich Dir nicht mehr.
Sende Deine Gnade
in jede Zelle meines Körpers,
an jede Stelle meiner Seele,
die der Heilung noch bedarf.

Flute mich mit Liebe, Gott,
flute mich mit Licht.

Liebe spüren

Ich spüre, Gott,
wieviel Liebe
in dem liegt,
was Du mir
durch die Schwäche
meines Körpers
zu sagen hast.

Du bist mir so nah
und ich habe
keine Kraft mehr,
mich Dir zu widersetzen
oder zu verweigern.

Danke.

Weithin

Lichtvogel
im erhabenen Flug
breitest du
deine Schwingen aus –
weithin leuchtend.

Schweben

Ich fühle mich so leicht und frei
wie nie zuvor in meinem Leben.
Alles in mir ist offen und weit,
als würde ich durch Lüfte schweben.

Doch bleibe ich noch gerne hier,
denn es gefällt mir in der Welt.
Der Himmel wölbt sich über mir,
beschützt mich wie ein warmes Zelt.

Die Wurzeln finden Halt im Boden,
der Stamm steht stark, voll Erdenkraft.
Die Äste reichen weit nach oben
und Blätter grünen voll im Saft.

Die Blüten öffnen sich zum Licht;
sie blühen zart und wunderschön.
Wenn ihre Zeit gekommen ist,
kannst du sie zärtlich schweben sehen.

7

Gott ist in der Gegenwart

Gott ist in der Gegenwart

Gott
ist in der Gegenwart –
nur dort
und nirgendwo anders
kannst du
Ihn finden,
spüren
und lieben.

Lotusteich

Ein Augenblick in Deiner Liebe
zählt mehr als alle heiligen Worte.
Ein Augenblick in Deinem Frieden
und ich durchschreite jene Pforte,

die mich von Deinem Himmel trennt.
Doch ist mir dieser Ort vertraut,
weil meine Seele ihn schon kennt,
weil ihre Sehnsucht schmerzhaft brennt,
wenn sie in seine Richtung schaut.

Ein Augenblick in Deiner Gnade
bedeutet so unendlich viel.
Ich gebe alles, was ich habe,
verlasse ausgetretene Pfade
und steige aus – aus diesem Spiel,

>>>

<<<

um endlich meinen Platz zu füllen
in Deinem ewigen Gottesreich.
Hier kann ich lieben
um der Liebe willen
und mit Dir sein in Deinem stillen,
unendlich tiefen Lotusteich.

Wo jeder Klang ins Leere fällt

In allen stillen Augenblicken
bin ich mit Dir zutiefst verbunden.
Und mich erfüllt höchstes Entzücken,
denn dies sind meine schönsten Stunden.

Ich bin bei mir, ohne zu denken,
ganz ruhig in meiner Seelenwelt,
und kann mich in das Sein versenken,
wo jeder Klang ins Leere fällt.

Hier bin ich Teil des großen Raumes,
zu jeder Zeit und Wirklichkeit,
und auch ein Kind des Erdentraumes –
geliebt in alle Ewigkeit.

Größer

Wie sind
ein größeres Gewebe
als das,
was unsere Sinne spüren.
So fein verbunden
in der Schwebe
lässt es sich nur
ganz still berühren,
wenn alle Sinne
sich nach innen ziehen.

Besuche mich

Gott,
in der Stille der Nacht
lade ich Dich ein,
zu mir zu kommen.

Besuche mich,
wann immer
Du willst.

Ich bin
zu Hause.

Fragen

Kann ich nicht
das Geteilte in mir
als ein Ganzes empfinden
und das Getrennte
als Verbundenes?
Verbirgt sich nicht
in dieser schweigenden Stunde
der satte Klang des vollen Lebens?

Und wo,
wenn nicht in diesem
einen Augenblick,
begegnen sich
Vergangenheit
und Zukunft
zu einer vollkommenen
Einheit,
in einer zeitlosen,
ewigen Harmonie?

Gott, ich geb mich ganz in Deine Hände

Gott,
ich geb mich ganz in Deine Hände,
denn alles Wollen weicht von mir.
Die schweren Kämpfe sind zu Ende,
ich werde ruhig und bleibe hier.

Ich werde still und spüre Dich,
die starken Arme, die mich halten.
Und alle Knoten lösen sich,
mein Wesen kann sich neu entfalten.

In Deiner Liebe will ich nun verweilen,
Dein Friede wird mich stets begleiten.
Mein Leben will ich mit Dir teilen:
Du wirst mich sanft und sicher leiten.

Tiefster Augenblick

Alles ist Leben,
alles ist Liebe,
alles ist tiefster Augenblick.

In allem erkennt sich
dein ewiger Friede
in allem erklinget
Dein kraftvollstes Lied.

Wahre Freiheit

Und während ich
noch im Geschehen verweile,
tritt schon
der nächste Augenblick hinzu.
Ich komme schon,
du Gegenwart, ich eile;
du holst mich aus Vergangenem. Du

rettest mich aus
Traum und Illusionen
und stellst mich
in lebendige Wirklichkeit.
Denn nur, wenn wir
den jetzigen Moment bewohnen,
entheben wir uns
der Vergangenheit.

>>>

<<<

So lasst uns JETZT
des Lebens Süße schmecken
und nicht ins Gestern
oder Morgen reisen.
Die reine Gegenwart kann uns
aus tiefem Schlaf erwecken
und uns den Weg
zur wahren Freiheit weisen.

Atem des Augenblicks

Gedanken verklingen,
zergehen im Licht
der Bewusstheit.

Der Puls der Stille
im Atem
des Augenblicks,
weit und nah
die göttliche Glückseligkeit.

Tiefes Einverstandensein

Gott,
manchmal
gibt es einfach
nichts zu sagen.
Da ist nur Stille
und ein tiefes
Einverstandensein.

In dieses Schweigen
schenkst Du Antworten
auf alle Fragen:
Du sprichst sie leise
in das Herz hinein.

8

Grenzenloser Geist

Grenzenloser Geist

In diesem Augenblick,
wenn alle Träume
sich der Wirklichkeit ergeben,
dann bist du hier
und ich bin ganz bei Dir.

Du grenzenloser Geist,
Du wohnst in mir.
Doch Du bist mehr als ich:
Du willst mich öffnen,
weiten und erheben
in eine Freiheit,
die das Denken übersteigt.

Denn jenseits der Gedanken
bist Du das Einzige,
was bleibt.

Ich glaube

Ich glaube an die Macht der Liebe;
ich glaube daran, dass sie die Welt erhält.
Wenn auch der letzte Mensch zu Staub zerfällt,
wird sie es ein, die dann noch bliebe.

Ich glaube an die Kraft des Geistes
in seiner ganzen Heiligkeit.
Ich glaube daran, dass er die Welt erschafft.
Was auch der Mensch
an Irdischem zusammenrafft,
reicht doch nicht in die Ewigkeit.

Ich glaube an die Wirklichkeit,
ihr Potenzial ist grenzenlos.
Ich glaube daran,
dass sie jenseits aller Formen schweigt
und dass sie sich in jeder Stille zeigt,
unendlich weit, unsagbar groß.

Wachsen werden jene Werke

Alle Wörter
sind willkommen,
die aus inneren Tiefen steigen
und, weil sie den Ruf vernommen,
zu Gebeten sich verzweigen.

Eingeladen
sind die Bilder
aus dem weiten Seelenland,
nie gesehene Herzensschilder,
ausgemalt von Geisterhand.

Wachsen
werden jene Werke,
die aus Schöpferkraft sich speisen
und in grenzenloser Stärke
auf den Weltengeist verweisen.

Jenseits aller Vernunft

Ohne Verstand
spricht der Geist
aus einem Raum,
der jenseits aller Vernunft
weise Worte formt.

Illusionen

Grenzen
existieren nicht
außer
in meinem Kopf.

Erscheinungen
sind nur Illusionen.

Erklärungen
beschreiben nicht
die Wirklichkeit.

Endloser Ozean

Wie in einem Fahrstuhl
sackt der Geist
in die Tiefen der Stille.

Ebene für Ebene
verlässt er den Verstand
und betritt
eine neue Wirklichkeit.

Hier gibt es
keine Gedanken
und keine Grenzen mehr –
ein endloser Ozean
der Bewusstheit
und Liebe.

Bewegte Welt

Ich spüre,
wie die Welt sich
um mich dreht
und sich in meinem
Inneren
mit jedem Atemzug
bewegt.

Des Lebens Wirklichkeit

Des Lebens Wirklichkeit
steckt nicht in diesen Dingen,
mit denen wir
alltäglich uns umgeben.
Des Lebens Wirklichkeit
will sich durch unsere Seele singen
und uns in andere Räume
weiten und erheben.

Des Lebens Wirklichkeit
wohnt auch nicht in den Worten,
mit denen wir
Erscheinungen beschreiben.
Des Lebens Wirklichkeit
ist allerorten
und wird als stärkste Kraft
uns stets erhalten bleiben.

>>>

<<<

Des Lebens Wirklichkeit
schweigt hinter den Gedanken
und lässt sich vom Verstand
niemals erfassen.
Sie offenbart sich uns
jenseits von Grenzen
und von Schranken,
wenn wir Konzepte und Ideen
fallen lassen.

Freiheit

Durchs weite Land kam er geflogen,
die Dämmerung trug ihn herein.
Die Winde hatten ihn gezogen,
auf breiten Schwingen schwebte er ein.

Ein dunkler Vogel, stolz und kühn,
nach langem Flug durch schwere Nacht.
Er wurde hier noch nie gesehen;
Was hatte ihn wohl hergebracht?

Warum verließ er seine Weiten
und landete im engen Tal?
Menschen kamen von allen Seiten,
umringten ihn in große Zahl.

Der Bote einer fremden Welt,
so glaubten sie, zutiefst berührt.
„Wer hat dich zu uns einbestellt?
Hast unsere Sehnsucht du gespürt?" -

<<<

„Ich kam, um euch ein Lied zu singen
von einem freien, weiten Land.
Ich kam, um Kunde euch zu bringen,
dass jeder dort Erfüllung fand,

der seinen eigenen Geist befreit.
Die Enge und das dunkle Tal
sind Illusion und nicht real.
Auch ihr könnt fliegen – jederzeit."

Gottes Stimme klingt in jeder Seele

Gottes Stimme klingt in jeder
Seele, die im Kosmos lebt,
schwingt so fein wie eine Feder
die im Windhauch zart erbebt.

Gottes Stimme tönt in allen
Ländern seiner großen Welt,
seine Lieder weithin hallen
mit der Kraft, die uns erhält.

Vollkommen

Gibt es
ein vollkommeneres Licht,
in das sich meine Seele legt?
Gibt es
ein schöneres Gesicht,
zu dem mein Leben sich bewegt?

Gibt es
den EINEN Anfang ohne Ende,
in dem sich Sternenkreise schließen?
Und gibt es
sanftere als Deine Hände,
in die sich meine Tränen gießen?

Gibt es
noch etwas,
das Dich übersteigt
oder jemanden,
der größer ist als Du?

>>>

<<<

Das Weltall
hat sich längst vor Dir verneigt
und alle Herzen
kommen tief in Dir
zu Ruh.

Wortloses Reich

Denn jedes Wort verweht im Wind,
vergeht, verliert sich in der Nacht.
Doch gibt es Reiche,
welche jenseits aller Worte sind
und die wir suchen wie als Kind –
so leer und still, so voller Macht.

Und diese Orte will ich finden,
ich sehne mich so sehr danach.
Im tiefen Schweigen will ich schwinden,
will keine Verse mehr verkünden
und nur noch lauschen – hell und wach.

Im Lauschen will ich Dich ergründen,
Du ewiger, heiliger Gottesraum,
um den sich tausend Sagen winden,
der sich entzieht uns armen Blinden –
wir kauern bloß an Deinem Saum.

>>>

<<<

Und darum ist Gesprochenes flüchtig,
dass wir den letzten Sinn erkennen,
dass wir für Deine Wahrheit brennen
und wissen:
Worte sind nicht wirklich wichtig.
Du aber, Du bist real und richtig.

Bewusst

Jenseits
von Form und Namen
lebt mein wahres Wesen.
Es ist sich seiner selbst
vollkommen und zutiefst
bewusst.

Jenseits
von Norm und Rahmen
lässt sich die Wahrheit lesen.
Sie ist sich ihrer selbst
vollkommen und zutiefst
bewusst.

Jenseits
von allen Idealen
lebt nur der Eine Geist.
Er ist sich seiner selbst
vollkommen und zutiefst
bewusst.

Weltinnenraum

Der Welten Abglanz
in meinem Inneren
ist kein Abziehbild,
keine Kopie,
sondern ein immer wieder
Entstehendes und Vergehendes,
ein Weltinnenraum,
der sich beständig
und unaufhörlich
neu erschafft.

Verbunden, ja
und doch in sich selbst
ruhend oder kreisend
oder tanzend.

9

Die Stille hinter der Stille

Die Stille hinter der Stille

Die Stille
hinter der Stille
finden –
jenseits von
Zeit und Raum.

In der Stille
hinter der Stille
verweilen –
jenseits von
Zeit und Raum.

Dort
ist alles
vollkommen
und ganz.

Gedankenlos

Die Stille
in mir
wiederfinden –

Tür und Tor
öffnen

und die Gedanken
hinauslassen.

Schweigende Seele

Die Worte
ruhen sich heute aus,
es sind nur einzelne,
die sich verdichten.
Die Stille tritt ins Seelenhaus,
um sich ihr Lager einzurichten.

Sie baut ihr Bett
aus alten Sätzen,
die ungesprochen
hier zergehen,
und legt sich
auf Gedankenfetzen,
die schwächer werden
und vergehen.

>>>

<<<

Die Stille
füllt die Seele aus,
und wird andächtig
zum Gebet.
Sie wandert schweigend
in die Nacht hinaus,
darin ihr Licht
am Horizont ersteht.

Die Zeit steht still

Die Zeit
steht still,
der Raum
wird weit –

dies ist das Tor
zur Ewigkeit.

Garten der Stille

Zwischen die Stille
pflanze ich Worte,
damit sie erstehen
und wieder vergehen.

Heilige Orte
für göttliche Worte,
die ewigem Schweigen
entgegensehen.

Götterdämmerung

Und wie die
Abenddämmerung
den Himmel
leise betritt,
so nimmt auch mich
die Gegenwart
in ihre tiefe Stille
mit.

Stille Bahn

Stille
gleitet sanft zu Boden,
sinkt aus Höhen
wie ein Stern.

Nichts
unterbricht ihre Bahn,
in der jedes Geräusch
gelassen
sich selbst verschweigt.

Stille, tiefe Stille

Stille, tiefe Stille,
bist ja allzeit hier.

Stille, tiefe Stille,
stillst ein Weh in mir.

Stille, Herzensstille,
atmest aus und ein.

Stille, Seelenstille,
lässt mich nie allein.

Stille, Gottes Stille,
alles lebt in Dir.

Watteweiche Stille

In die Stille hineinsinken
wie in ein watteweiches Lager.
Sie umgibt mich von allen Seiten,
schmiegt sich an mich
und trägt mich zart und sanft.

Die Stille ist in mir,
sie füllt mich aus
und bleibt
still.

Sternenaufgang

Du trittst
in meine Stille ein
so wie ein Stern
in dunkler Nacht
aufsteigt
mit seinem hellen Schein
zu meiner Seele,
die erwacht.

Vielleicht

Vielleicht, Gott,
ist schon alles gesagt,
über Dich,
über die Liebe
und über die Stille.

Vielleicht
geht es jetzt darum,
zu schweigen,
zu spüren,
zu lieben
und zu sein.

10

Du bist meine Wirklichkeit

Du bist meine Wirklichkeit

Du bist
meine Wirklichkeit,
meine Wahrheit und
mein Leben.

Deine ganze Zärtlichkeit
hast Du in mein
Herz gegeben.

Deine schönsten Liebeslieder
singst Du in mein
tiefes Schweigen.

Du kommst zu mir
immer wieder,
tanzt mit mir
den Hochzeitsreigen.

>>>

<<<

Du erfüllst mich
alle Tage,
schenkst mir
Deine Herrlichkeit.

Unentwegt
fließt Deine Gnade,
nimmt mich mit
jenseits der Zeit.

Willkommen

Ich breite meine Arme aus,
empfange dich auf warmer Erde.
Und meine ganze Freude werde
in dieser Wiedersehensgebärde
zu Dir, Du Wirt und Gast
in meinem Seelenhaus.

Ich öffne meine Herzenstüren
für Dich, dem meine Liebe gilt,
der in mir ist, doch nicht als Bild
und meine tiefste Sehnsucht stillt.
Du lässt mich
Deine Gnade spüren.

Ich trage Dich ganz tief in mir;
du bist der Schöpfer, der mir Leben gibt,
der mich unendlich schätzt und liebt
und nachts in seinen Armen wiegt.
All meine Hoffnung
ruht in Dir.

Unergründlich

Gott, ich bin mit Dir im Reinen,
zwischen uns ist alles klar.
Du lässt Dein Licht in meinem Leben scheinen,
so blüht es groß und wunderbar.

Ich bin auch mit mir selbst im Reinen,
kann Deine Kraft in mir entfalten
und mit der Liebe mich vereinen –
so mag das Schicksal milde walten.

Doch ist das Dasein unergründlich:
Ob Sterne fallen oder steigen,
bleibt für uns Menschen unerfindlich –
der Weltenraum hüllt sich in Schweigen.

Berührung

Wenn du ganz zärtlich meine Haut berührst,
dann fühle ich im Herzen ein Vibrieren.
In deinen Augen sehe ich,
dass du dasselbe spürst –
wir müssen keine Worte mehr verlieren.

Wenn meine Hände liebevoll die deinen halten,
so sagt das mehr als alles, was wir sprechen.
In der Berührung
kann sich sanfte Zärtlichkeit entfalten
und uns erfüllen wie ein inneres Lächeln.

In dieser körperwarmen, nahen Zweisamkeit
darf auch die Seele tiefe Heilungskraft erfahren.
Und wie ein Wunder
wächst sie aus der Einsamkeit,
um ihre Liebe im Verbundenen zu offenbaren.

Alles, was ich will und brauche

Alles,
was ich will und brauche
lebt in meinem
Seelenkern.
Wenn ich in diese Tiefen tauche,
funkelt hier
Dein heller Stern.

Wenn ich
in Deine Höhen steige,
leuchtet mir
Dein ewiges Licht,
in dem ich bete,
danke, schweige
und weiß:
Die Liebe segnet mich.

An allen losen Enden

An allen losen Enden
knüpfst Du in Liebe an,
um das ins Glück zu wenden,
was in der Not begann.

In jede weite Mitte
atmest Du Deine Kraft
und segnest unsere Schritte
mit Deiner Himmelsmacht.

In unseren offenen Herzen
entzündest Du das Licht,
verwandelst Leid und Schmerzen
in ewige Zuversicht.

Freude fließt in jeden Morgen

Freude fließt in jeden Morgen,
wenn ich mein Tun mit Dir beginne.
In Deiner Kraft bin ich geborgen,
ich spüre Dich und halte inne.

Liebe trägt mich durch den Tag,
seh ich Dein Licht in allen Dingen.
Ich staune, wie Du es vermagst,
dass sie mich näher zu Dir bringen.

Friede hält mich in der Nacht,
wenn ich Dich abends schweigend finde
und dann durch Deine Gnade sacht
von neuem mich mit Dir verbinde.

Wunschlos

Ich bin so glücklich, Gott,
dass ich zu Deiner Welt gehöre.
Ich bin so froh,
ein Teil von ihr zu sein.
Denn jedes Wort,
das ich in meinem Inneren höre,
sprichst Du doch auch
in diesen Erdenraum hinein.

So bin ich still
und lausche Deinem Werben,
mich ganz
auf Deine Schöpfung einzulassen,
mich hinzugeben
dem Vergehen und Werden,
ohne den Wunsch,
das Unfassbare
jemals zu erfassen.

>>>

<<<

Ohne den Wunsch,
das Fließen festzuhalten,
oder etwas davon
mein Eigentum zu nennen.
Ich darf genießen,
ich darf mitgestalten
und innerlich
auch weiterhin
für Deine Liebe brennen.

Stiller Ozean

Denn dieser Ozean ist voller Wunder,
unendlich weit und nah und ohne Ziel.
Ich bin ein Teil von ihm
und bin auch sein Erkunder,
vollkommen sicher in seinem stillen Wellenspiel.

Vollkommen frei in seinen lichten Wassern
und auch die Angst lässt mich allmählich los.
Ich muss nicht kämpfen, darf mich tragen lassen;
so fern vom Land wirkt seine Weite wirklich groß.

Hier wirkt die Weite beinahe unerträglich schön,
ich fühle mich dem Ewigen so nah.
Und kann ich auch die Küste nicht mehr sehen,
so weiß ich doch, dass Gott mich trägt,
denn Er ist immer da.

Er ist der Ozean und Er ist auch die Weite;
in Seiner Gegenwart bin ich zu Haus.
Seine bedingungslose Liebe wird mich leiten,
weit über jeden Horizont hinaus.

Nachts

Gott,
wenn ich nachts
zu Dir spreche
und Dir sage,
dass ich Dich liebe,
antwortest Du
mit noch mehr Liebe.

Wenn ich nachts
zu Dir spreche
und Dir sage,
dass ich Dich brauche,
antwortest Du,
dass Du mich
ebenso brauchst.

Wenn ich nachts
mit Dir schweige,
habe ich keine Angst.

Wahre Geborgenheit

Wahre Geborgenheit
finde ich
nur bei Dir,
Gott,
in Deinen
ewigen Armen.

Du hast die Welt in mir erschaffen

Du hast Dein Lied in mir gesungen
und Dein Gebet in mich gesprochen.
Die Töne sind noch nicht verklungen
und das Versprechen nicht gebrochen.

Du hast die Welt in mir erschaffen
aus Deinen ewigen, stolzen Weiten.
Liebe und Güte dienten als Waffen
um Deinen Weg zu mir zu erstreiten.

Ängste und Zweifel waren die Lasten,
die sich mit jedem Schritte verloren.
Und als meine Hände am Himmel tasten,
wird eine ganz neue Welt mir geboren.

Mein Kloster ist die Heilige Welt

Mein Kloster ist die Heilige Welt,
hier kann ich ohne Pause beten.
Es ist ein Platz, der mir gefällt,
bin durch Geburt schon eingetreten.

Es ist ein Ort ganz ohne Mauern,
die ewige Schöpfung lebt darin.
Hier kann ich tanzen, lachen, trauern –
und spüren, dass ich zu Hause bin.

Dem Höchsten diene ich allein,
sein Auftrag führt mich allezeit.
Ich atme seine Gnade ein,
fühle mich wohl,
unendlich weit.

Nimm mein ganzes Leben

Spürst Du denn meine Seele nicht,
wie ihre Haut sich an die Deine schmiegt?
Und siehst Du nicht, dass sie ganz schlicht
ihr Herz in Deiner Stille wiegt?

Nimm meine Hand,
die sich Dir zögerlich entgegenstreckt,
mag sie auch zittern
und in tausend Ängsten beben.

Nimm sie,
denn Du hast sie
aus ihrem Schlaf erweckt.
Nimm sie,
nimm mich
und nimm
mein ganzes Leben.

Starke Hände

Und wenn die Worte
nicht mehr reichen,
bleibt uns doch
Gottes Heiliges Licht.
In seinem Schein
kann alles weichen,
was aus dem Dunkel
zu uns spricht.

Und wenn die Kräfte
uns verlassen,
so bleibt uns doch
der Liebe Macht.
Sie will uns
tief und ganz erfassen;
sie ruht nicht,
bis ihr Werk vollbracht.

>>>

<<<

Und wenn die Zuversichten
schwinden,
so halten uns doch
starke Hände,
auf denen sich
die Welten gründen:
sicher, beschützt
und ohne Ende.

Und wenn wir
keinen Frieden finden,
schweigt doch im Herzen
Gottes Stille.
Sie will uns stets
mit Ihm verbinden,
in ihrem Inneren
lebt Sein Wille.

11

Die Liebe bleibt

Die Liebe bleibt

Menschen sterben und vergehen,
Dinge werden Rauch und Schall.
Nichts und niemand
kann bestehen:
Vergänglichkeit wirkt überall.

Und doch
lebt in der Ewigkeit
etwas, das nicht
zu Staub zerfällt.
Es ist die Liebe,
denn sie bleibt,
weil sie die Welt
in ihren Armen
hält.

Von Deiner Stille will ich schweigen

Von Deiner Liebe will ich singen,
von Deinem ewigen Heiligen Geist.
Dir will ich mich zum Opfer bringen,
mein Leben sich aus Dir nur speist.

Von Deiner Gnade will ich tönen,
aus allen Himmeln fließe ich,
um zu den Menschen hinzuströmen,
sie einzuladen in Dein Licht.

Von Deiner Stille will ich schweigen,
sie tief in meinem Herzen spüren.
Mit dieser Welt will ich sie teilen –
sie möge uns zum Frieden führen.

Von Deiner Freude will ich künden,
die unseren Kosmos ganz durchwebt,
in der die Traurigkeiten schwinden,
weil Dein Erbarmen in uns lebt.

Ein Stück vom Himmel

Sobald wir Gott in uns entdecken,
wird diese Welt ein besserer Ort.
Wenn wir die Liebe in uns wecken,
dann ist sie mehr als nur ein Wort.

Dann ist sie mehr als ein Gefühl
und leuchtet wie das hellste Licht.
Sie schenkt uns so unendlich viel,
die Liebe liebt und fordert nicht.

Wenn diese Kraft wir in uns finden,
kommt ein Stück Himmel uns entgegen,
um Einsamkeit und Angst zu lindern
und sich um unser Herz zu legen.

Morgenlied

Soll dieser Morgen wirklich
unbesungen auferstehen?
Ist seine Schönheit nicht bereits Geschenk genug?
So gerne würde ich mit Hymnen ihn versehen
und auch die Kraft,
die seine Einzigartigkeit erschuf.

Doch ragen Lieder niemals in die Nähe
zu dieser wunderbaren, kreativen Schöpfermacht.
Denn alle Formen und Erscheinungen,
die ich hier sehe,
hat ihre liebevolle Quelle einst hervorgebracht.

Und wenn ich auch versuche,
diesen Tag zu preisen,
so reichen meine Verse nie und nimmer aus.
Sie können stets auf Gottes Größe nur verweisen,
jedoch wächst diese über jedes Wort hinaus.

Dass Du mich liebst

Dass Du mich liebst,
Gott,
weiß ich ganz genau.

Ich fühle es
in meinem Herzen.

Und ich vertraue darauf
in jedem Augenblick
meines Lebens.

Dir zur Feier

Ich feiere Dich
in meinem Leben
mit jedem Atemzug
der Liebe,
mit jedem Herzschlag
meiner Seele,

mit allem,
was in mir ist.

Du hast mir alles gegeben

Du hast die Liebe
mir ins Herz gesenkt,
damit ich sie
in dieses Dasein bringe.

Du hast die Stimme
mir dazu geschenkt,
damit das Hohe Lied
ich Dir zu Ehren singe.

Du hast mir
alles das gegeben,
was meiner Seele
größte Sehnsucht war.

So kann ich selig
aus der Fülle leben,
vollkommen frei
und Dir ganz nah.

Die Liebe wagen

Es gäbe
so viel mehr
zu tun,
als meine Hände
können geben.
Ich will nicht
rasten
und nicht ruhen,
will schöpfen
aus dem vollen Leben,
um alles
in die Welt
zu schenken,
zu jedem Menschen
es zu tragen,
in jede Seele
es zu senken.

>>>

<<<

Ja,
ich will
die Liebe
wagen.

Die alles erschafft

Lasst Liebe regnen,
wenn wir uns begegnen,
dann wird sie uns segnen
mit all ihrer Kraft.

Wenn wir uns verschenken,
dann wird sie uns lenken
und jeden bedenken,
der Raum für sie schafft.

So lasst uns sie preisen,
ihr Ehre erweisen,
auf sie stets verweisen,
die alles erschafft.

Sei du heute mein Begleiter

Sei du heute mein Begleiter,
Angst in meinem Herzensgrund.
Geh du heute mit mir weiter,
schließen wir den Freundschaftsbund.

Halt du heute meine Hand,
denn du bist ein Teil von mir.
Die Liebe hält uns unverwandt –
jeder Schritt ein Schritt zu ihr.

Vision

Alle Täler sind durchschritten
auf dem Weg zu Gottes Thron,
alle Schmerzen tief durchlitten
auf dem Weg von Gottes Sohn.

Alle Berge sind erklommen
und die Gipfel längst erreicht.
Jedes Meer wurde durchschwommen,
Steine haben sich erweicht.

Tag und Nacht sind jetzt beglichen,
Hell und Dunkel einerlei.
Die Verzweiflung ist gewichen,
denn der Geist wird endlich frei.

Alle Verse sind gesprochen
und die Lieder schon gesungen.
Das Vertrauen, ungebrochen,
hat die Schöpfung ganz durchdrungen.

>>>

<<<

Erdenhimmel, Himmelserde,
eine gute, neue Welt,
licht und leicht, ohne Beschwerde,
darin die Liebe Hochzeit hält.

Aus der Fülle

Aus der Fülle
schöpfen
überfließen
mich verströmen
im Fluss
der Liebe

12

Weil Du mich erfüllst

Weil du mich erfüllst

Meine Seele ist still,
denn sie will,
was Du willst.

Und Dein Wille ist groß,
doch ich lasse mich los,
weil Du in mir schwillst.

Weil Du mich erfüllst,
will ich,
was Du willst.

Einssein

Eins mit meiner Seele,
eins mit Gottes Geist,
in den ich mich empfehle,
der mich willkommen heißt.

Eins mit meinem Herzen,
eins mit Gottes Licht,
Heiler aller Schmerzen,
schenkt mir Zuversicht.

Eins mit meinem Leben,
eins mit Gottes Plan,
treu und stark ergeben
meiner Schicksalsbahn.

Eins mit allen Wesen,
eins mit Gottes Welt;
im goldenen Buch gelesen,
das Er in Händen hält.

>>>

<<<

Eins mit Gottes Gnade,
eins mit der Essenz,
Hüter aller Pfade,
ewige Präsenz.

Ruhen

In Deiner
göttlichen Umarmung
ruhen –
keine Angst mehr –
Frieden im Herzen
und im Körper.

Eins sein.

So oft hast Du mich schon gefunden

Du kommst aus Räumen,
die ich einst bewohnte;
aus weiten Höhen
sinkst Du sanft
in mich hinein.

Ich will Dich fassen,
doch es lähmt mich
das Gewohnte,
denn alles,
was ich greifen kann,
ist doch nur Schein.

Ich will Dich halten,
doch bist Du mir
schon entschwunden
und meine Hände
bleiben kalt und leer.

>>>

<<<

So oft
hast Du mich schon gefunden,
nur ich
laufe Dir weiter
hinterher.

So oft
hast Du mich schon gesegnet
und meiner Sehnsucht
einen Sinn gegeben.

In meinen Träumen
bin ich Dir schon längst
begegnet,
doch sind die Träume
nicht das wahre Leben.

In wachen Nächten
trittst Du manchmal
in mich ein

>>>

<<<

und teilst das Lager
liebevoll mit mir.

Dann lass ich los,
um nur mit Dir zu sein,
in Deiner Liebe
wachse ich zu Dir.

Rückzug zur Quelle

Rückzug
zur Quelle,
Rückzug
zum Licht –
mich wieder
verbinden
wie eine Welle
mit dem Meer
sich vermischt.

Dann gehe ich mit Dir

Und wenn am Ende
nichts mehr geht,
dann gehe ich mit Dir,
der stets an meiner Seite steht
und niemals lässt von mir.

Und wenn am Ende
alles stirbt,
dann sterbe ich in Dir,
der immer zärtlich mich umwirbt
und seine Hand hält über mir.

Und wenn am Ende
nichts mehr ist,
ist das doch ein Beginn,
an dem die Seele sich vergisst
und ich bei Dir zu Hause bin.

Ein Segen ruht

Ein Segen ruht auf allen Dingen,
die Du zärtlich von uns nimmst,
um die sich dann
in wachsenden Ringen
die Gnade legt,
mit der Du unseren Weg bestimmst.

Erbarmen liegt hinter den Formen,
die Deine Wahrheit nur verdecken.
Befreien wir uns von diesen Normen,
können wir tiefe Liebe
in uns wecken.

Und wenn wir
ganz nach innen gehen
und Deinen Atem in uns spüren,
so werden wir den Himmel sehen
und mit dem Herzen
ihn berühren.

In Deinen Armen

Ich lerne Demut, Gott,
in Deinen Armen,
hilflos bin ich
vor Deiner Liebe.

Du segnest mich
ganz sacht und zärtlich,
Dein Kuss auf meiner Stirn,
Dein Herz an meinem.

Schweigende Hingabe

Und wenn ich mich
in dieses Schweigen gebe,
und wenn ich diese Stille
in mir lebe,
erklingen alle Worte
wie von fern
und ich verlasse
meine Sprache
nur zu gern,
um immer tiefer
in das Namenlose
einzusinken.

Selbstvergessen

Ich möchte
in die Stille sinken
wie in ein Nichts,
das alles ist.

Ich möchte
diese Leere in mich trinken,
darin mein Sein
sich selbst vergisst.

Traum und Wirklichkeit

So schön hatte die Zeit begonnen,
wir waren uns unendlich nah.
Doch dann, als alles Licht zerronnen,
wurde das Dunkle offenbar.

In diesen langen Finsternissen
erstarb auch unsere Innigkeit.
Ich wurde von Dir fortgerissen
und landete im Meer der Zeit.

Hier gab es weiten, leeren Raum,
in dem Planeten auf- und niedergingen.
Und du erschienst mir wie im Traum,
um meine Schattengeister zu bezwingen.

Und Du erschienst in Deiner Pracht,
um mich der Stille zu vermählen.
Da endlich bin ich aufgewacht
und fand mich eins
mit allen Seelen.

Gemeinsames Lager

In der Wucht
Deiner Liebe, Gott,
in unserem sanften,
langen Schweigen
finden wir uns
auf dem gemeinsamen Lager
unserer stillen Nächte.

Weite Seelenräume

Weite, weite
Seelenräume –
alle Liebe
wohnt darin.

Stille, stille
meine Träume –
wachet auf
und gebt euch hin.

Danke

Wieder einmal darf ich an dieser Stelle meine unendliche Dankbarkeit zum Ausdruck bringen – nicht wissend, wie ich passende Worte finden soll.

Danke, lieber Peter, wunderbarer Ehemann, Weggefährte und treuer Helfer. Du hältst mir den Rücken frei, du unterstützt und ermöglichst die Ausübung meiner Berufung(en) in einer Weise, die ihresgleichen sucht.

Danke, lieber Mark, einzigartiger Lehrer, Förderer und Seelenbegleiter. Du hast mich auf einer tiefen Ebene für die Liebe geöffnet, Gott als konkrete Erfahrung in meinem Inneren erweckt und die heilige Quelle in mir zum Sprudeln gebracht.

Danke, liebe Gabriele, Freundin, Weggefährtin und geniale Malerin. Du segnest meine Arbeit durch deine Inspiration, deinen ermutigenden Zuspruch und – ganz konkret – durch deine wunderschönen, ausdrucksstarken Gemälde, mit denen ich meine Bücher schmücken darf.

Danke, liebe Seelenmenschen, die ihr meinen Weg freundschaftlich begleitet, euch von meinen Gedichten berühren lasst und mich durch eure liebevollen Rückmeldungen stärkt, ermutigt und unterstützt.

Danke, meine geliebte Mama und mein treuer Bruder für eure Liebe, Fürsorge und vor allem für euer Dasein.

Danke, lieber Papa, dass du mich so lange, wie du konntest, begleitet hast. Ich weiß, du bist immer noch da.

Danke, lieber Gott, für alles, was war, ist und sein wird.

Amen.

Monika Hansen
lyrikundklang@posteo.de